Sumário

Capítulo 01 - Introdução ao Ágil • Uma visão geral sobre o que é o gerenciamento ágil de projetos, seus princípios e benefícios.

Capítulo 02 - Lean Project Manager - Introdução ao Agile • Introdução ao conceito de Lean aplicado ao gerenciamento de projetos ágeis.

Capítulo 03 - As cinco fases principais do gerenciamento de projetos tradicional

• Descrição das fases tradicionais de gerenciamento de projetos e como elas se comparam ao método ágil.

Capítulo 04 - Mitos e equívocos sobre gerenciamento de projetos Lean
• Desmistificação de conceitos errados e mitos comuns sobre o gerenciamento de projetos Lean.

Capítulo 05 - Lean Project Manager - Fase de Iniciação

• Detalhes sobre a fase de iniciação em projetos Lean, incluindo levantamento de requisitos e definição de escopo.

Capítulo 06 - Lean Project Manager - Planejamento
• Abordagem do planejamento em projetos Lean, incluindo a criação de cronogramas e buffers.

Capítulo 07 - Processos existentes e a equipe

• Discussão sobre processos de gerenciamento de projetos Lean e a importância da equipe.

Capítulo 08 - Medição e Melhorias
• Técnicas para medir o progresso e implementar melhorias contínuas em projetos Lean.

Capítulo 09 - Atualizando planos de lançamento

• Como manter os planos de lançamento atualizados e alinhados com as mudanças do projeto.

Capítulo 10 - Monitoramento, controle e relatórios
• Métodos para monitorar, controlar e relatar o progresso do projeto de forma eficaz.

Capítulo 11 - Funções da Equipe do Projeto Lean

• Funções e responsabilidades da equipe no contexto do gerenciamento de projetos Lean.

Capítulo 12 - Documentação em Gerenciamento Enxuto
• O objetivo é identificar a documentação necessária para apoiar o projeto, evitando desperdícios e focando no que realmente agrega valor.

Capítulo 13: Estratégias de Adesão das Partes Interessadas

• Este tópico aborda estratégias eficazes para conquistar o apoio das partes interessadas na adoção de praticas Lean Project.

Capítulo 14: Estratégia de Buffers de Agendamento
• Os buffers de agendamento são ferramentas essenciais para garantir que os projetos sejam concluídos dentro do prazo.

Capítulo 1: Introdução ao Ágil O que é o Gerenciamento Ágil de Projetos?

O gerenciamento ágil de projetos é uma abordagem que se adapta rapidamente às mudanças e se concentra em entregar valor ao cliente de forma contínua. Diferente dos métodos tradicionais, que seguem um plano rígido, o Ágil é flexível e permite ajustes ao longo do caminho.

Princípios do Ágil

O Ágil é baseado em alguns princípios fundamentais que ajudam a guiar as ações e decisões dentro de um projeto. Vamos explorar esses princípios:

1. Indivíduos e Interações sobre Processos e Ferramentas:
• O foco está nas pessoas e na comunicação entre elas, mais do que em seguir processos rígidos ou usar ferramentas específicas. • A colaboração e a comunicação eficaz são essenciais para o sucesso do projeto.

2 .Software Funcional sobre Documentação Abrangente:

- A prioridade é entregar um produto funcional que atenda às necessidades do cliente, em vez de gastar muito tempo criando documentação detalhada.
- Documentação é importante, mas não deve atrasar a entrega de valor.

3. Colaboração com o Cliente sobre Negociação de Contratos:

- Trabalhar junto com o cliente durante todo o projeto é mais importante do que apenas seguir um contrato.
- O feedback constante do cliente ajuda a garantir que o produto final atenda às suas expectativas.

4. Responder a Mudanças sobre Seguir um Plano:
- O Ágil aceita que mudanças acontecem e está preparado para se ajustar rapidamente.
- Seguir um plano é importante, mas ser flexível e adaptar-se às mudanças é crucial para o sucesso.

Benefícios do Gerenciamento Ágil de Projetos

Adotar o gerenciamento ágil de projetos pode trazer vários benefícios, incluindo:

- **Maior Flexibilidade**: A capacidade de se adaptar rapidamente às mudanças garante que o projeto continue relevante e alinhado com as necessidades do cliente.

- **Entrega Contínua de Valor**: Pequenas entregas frequentes garantem que o cliente veja valor constantemente, aumentando a satisfação.

- **Melhoria da Qualidade**: O feedback contínuo permite ajustes e melhorias constantes, resultando em um produto final de alta qualidade.

- **Engajamento da Equipe**: A colaboração e a comunicação eficazes aumentam o engajamento e a motivação da equipe.

Implementando o Ágil em Projetos

Para implementar o Ágil em seus projetos, siga estas etapas:

1. Forme Equipes Multifuncionais:
- Crie equipes compostas por membros com diferentes habilidades e conhecimentos, capazes de trabalhar juntos para alcançar os objetivos do projeto.
- A diversidade de habilidades permite uma abordagem mais completa e eficaz.

2. Realize Reuniões Diárias (Daily Stand-ups):
- Realize reuniões curtas diárias para discutir o progresso, identificar obstáculos e planejar o trabalho do dia.
- Essas reuniões ajudam a manter todos na mesma página e a resolver problemas rapidamente.

3. Divida o Trabalho em Iterações (Sprints):

- Divida o projeto em pequenos ciclos de trabalho, chamados de sprints, que geralmente duram de uma a quatro semanas.

- Cada sprint deve resultar em uma entrega funcional que possa ser avaliada pelo cliente.

4. Obtenha Feedback Contínuo:

• Envolva o cliente regularmente para obter feedback sobre as entregas e fazer ajustes conforme necessário.
• O feedback contínuo garante que o projeto esteja sempre alinhado com as expectativas do cliente.

5. Adote a Melhoria Contínua:

• Após cada sprint, realize uma retrospectiva para discutir o que funcionou bem e o que pode ser melhorado.
• Use essas lições para fazer ajustes e melhorar continuamente o processo.

Conclusão

O gerenciamento ágil de projetos é uma abordagem poderosa para aumentar a flexibilidade e entregar valor contínuo ao cliente. Ao focar na colaboração, na adaptação rápida e na entrega contínua de valor, os projetos podem ser executados de maneira mais eficaz e satisfatória. Implementar os princípios ágeis pode parecer desafiador no início, mas os benefícios a longo prazo valem o esforço.

Capítulo 02: Lean Project Manager - Introdução ao Agile Definindo Gerenciamento Lean de Projetos

O gerenciamento Lean de projetos é uma abordagem que assume que as coisas vão mudar e que ajustes serão necessários ao longo do caminho. Diferente do gerenciamento de projetos tradicional, que segue um plano rígido, o Lean é flexível e adaptável.

Características do Gerenciamento Lean de Projetos

1. Adaptação Rápida:

• O gerenciamento Lean permite mudanças rápidas de maneira eficiente e com o uso adequado de recursos. • Isso ajuda a lidar com obstáculos inesperados, como mudanças no mercado ou novas demandas dos clientes.

2. Foco no Cliente:

• Promove laços e relacionamentos fortes com os clientes. • As soluções são criadas com base em métodos iterativos e incrementais, aumentando a capacidade de gerar valor comercial.

3. Entrega Contínua e Feedback:

• A entrega de software funcional com frequência é uma prioridade.
• A cada entrega, o cliente dá feedback, e a equipe integra as alterações solicitadas no próximo ciclo de desenvolvimento.

Comparação entre Abordagens Tradicional e Lean Abordagem Tradicional

• **Planejamento Detalhado:**
• No início do projeto, um cronograma detalhado é desenvolvido, agrupando todas as tarefas em fases como planejamento, design, codificação e teste.
• Estima-se que o projeto levará um tempo específico para ser concluído.

• **Mudanças Pós-Desenvolvimento:**
• A maioria das alterações são tratadas somente após a conclusão do processo de desenvolvimento.
• Isso pode resultar em melhorias e mudanças caras, pois o produto já foi testado e revisado pelo cliente.

Abordagem Lean

- **Iterações Curtas:**
- O uso de iterações curtas permite que as equipes ágeis criem melhorias com frequência e resolvam alterações ou erros mais cedo.
- Isso resulta em uma entrega de projetos mais rápida do que as abordagens tradicionais.

- **Participação Ativa do Cliente:**
- O gerenciamento Lean incentiva a participação ativa do cliente durante todo o ciclo de desenvolvimento.
- Isso reduz o risco de desenvolver o produto errado e garante que o produto final atenda às expectativas do cliente.

Princípios do Gerenciamento Lean de Projetos

1. Satisfação do Cliente:
- A maior prioridade é satisfazer as necessidades do cliente por meio da entrega frequente e contínua de software funcional.

2. Bem-Estar da Equipe:

- Motivar os indivíduos envolvidos no desenvolvimento é crucial para manter um ritmo constante de trabalho.

3. Simplicidade:
- Visar a simplicidade e garantir que empresários e desenvolvedores trabalhem juntos de forma eficaz.

4. Transparência e Feedback:

• Aplicar o princípio ágil de transparência, garantindo uma comunicação aberta e honesta sobre o sucesso ou fracasso no ciclo de desenvolvimento.

• **Conclusão** O gerenciamento Lean de projetos é uma abordagem poderosa que enfatiza a flexibilidade, a entrega contínua de valor e a participação ativa do cliente. Ao adotar os princípios Lean, as equipes podem se adaptar rapidamente às mudanças, reduzir riscos e garantir que o produto atenda às expectativas do cliente. Implementar o Lean pode parecer desafiador no início, mas os benefícios a longo prazo valem o esforço.

Capítulo 03: As Cinco Fases Principais do Gerenciamento de Projetos Tradicional   Introdução
O gerenciamento de projetos tradicional divide o processo de desenvolvimento em cinco fases principais. Cada uma dessas fases tem características específicas que diferem das fases ágeis correspondentes. Vamos explicar cada uma delas em detalhes.

1.   Iniciando
• **Objetivo**: Definir os objetivos de negócios do projeto e criar uma declaração de visão clara.
• **Descrição:** Nesta fase, é importante entender o que o projeto deve alcançar. Isso inclui definir o escopo do projeto e identificar os principais stakeholders (partes interessadas).
• **Resultado:** Uma visão clara e detalhada do projeto, incluindo seus objetivos e escopo.

2. Planejamento

- **Objetivo**: Desenvolver um plano detalhado para alcançar os objetivos do projeto.
- **Descrição**: Envolve a criação de um cronograma, orçamento, e a definição de recursos necessários. Também inclui a identificação de riscos e a criação de estratégias para mitigá-los.
- **Resultado:** Um plano de projeto abrangente que serve como guia para a execução e controle do projeto.

3. Executando

- **Objetivo**: Colocar o plano em ação e realizar o trabalho necessário para completar o projeto.
- **Descrição:** Nesta fase, a equipe trabalha nas tarefas definidas no plano de projeto. A comunicação e a coordenação entre os membros da equipe são cruciais para garantir que o trabalho seja realizado de acordo com o cronograma e o orçamento.
- **Resultado:** Produtos, serviços ou resultados entregues conforme planejado.

4. Monitoramento e Controle

- **Objetivo**: Acompanhar o progresso do projeto e fazer ajustes conforme necessário.
- **Descrição:** Envolve o monitoramento contínuo do desempenho do projeto em relação ao plano. Isso inclui a medição do progresso, a identificação de problemas e a implementação de ações corretivas.
- **Resultado:** Garantia de que o projeto está no caminho certo para atingir seus objetivos.

5. Fechamento

- **Objetivo:** Concluir todas as atividades do projeto e formalizar a aceitação do projeto.
- **Descrição**: Nesta fase, todo o trabalho do projeto é finalizado. As lições aprendidas são documentadas e o projeto é oficialmente encerrado.
- **Resultado:** Entrega final do projeto e documentação das lições aprendidas para futuros projetos.

Conclusão

O gerenciamento de projetos tradicional segue uma abordagem estruturada e sequencial, com cada fase construída sobre a anterior. Embora essa abordagem possa ser eficaz para projetos com requisitos bem definidos e estáveis, ela pode ser menos flexível em ambientes onde as mudanças são frequentes. Compreender essas cinco fases principais ajuda a garantir que os projetos sejam bem planejados, executados e concluídos com sucesso.

Capítulo 04: Mitos e Equívocos sobre Gerenciamento de Projetos Lean Introdução

O gerenciamento de projetos Lean é uma abordagem poderosa usada por organizações em todo o mundo para obter resultados superiores. No entanto, a transição do gerenciamento de projetos tradicional para o Lean pode ser desafiadora devido a vários mitos e equívocos. Vamos desmistificar alguns desses equívocos comuns.

1. Mito: O Gerenciamento Lean de Projetos Não Requer Planejamento

• **Realidade**: O gerenciamento Lean de projetos requer planejamento, mas de uma maneira diferente da tradicional. Em vez de um plano rígido, o Lean adota um planejamento contínuo e flexível, ajustando-se conforme o projeto evolui.

2. Mito: O Gerenciamento Lean de Projetos Não Requer Documentação

• **Realidade**: Embora o Lean valorize mais o software funcional do que a documentação extensa, isso não significa que a documentação não seja necessária. A documentação é utilizada, mas de forma mais eficiente e menos burocrática.

3. Mito: O Gerenciamento Lean de Projetos é Específico para Desenvolvimento de Software

- **Realidade**: Embora o Lean seja amplamente utilizado no desenvolvimento de software, ele não se limita a isso. O gerenciamento Lean de projetos pode ser aplicado a vários tipos de projetos em diferentes setores.

4. **Mito: Projetos Lean Não Requerem Planejamento**
- **Realidade**: Mesmo que o Lean seja uma ruptura com o desenvolvimento orientado por planos, ele ainda requer planejamento. A diferença é que o planejamento no Lean é mais adaptável e menos detalhado do que no gerenciamento tradicional.

Estratégias para Superar Desafios

1. Treinamento da Equipe:
- Treinar a equipe para entender e adotar os princípios Lean é crucial para o sucesso da implementação.

2. Gerenciamento de Equipes Distribuídas:

- Gerenciar equipes distribuídas pode ser desafiador, mas com as práticas certas, como reuniões regulares e ferramentas de comunicação eficazes, é possível manter a coesão e a produtividade.

3. Melhores Práticas para Coaching:
- O coaching é uma parte importante do gerenciamento Lean. Incentivar a melhoria contínua e fornecer feedback regular ajuda a equipe a se adaptar e melhorar constantemente.

Conclusão

Superar os mitos e equívocos sobre o gerenciamento de projetos Lean é essencial para uma transição bem-sucedida. Entender que o Lean requer planejamento, documentação e pode ser aplicado a diversos tipos de projetos é fundamental. Com as estratégias certas, as organizações podem adotar o Lean e alcançar resultados superiores.

Capítulo 05: Lean Project Manager - Fase de Iniciação Introdução

A fase de iniciação é a primeira etapa no gerenciamento de projetos Lean. É crucial para definir a base do projeto e garantir que todos os envolvidos tenham uma compreensão clara dos objetivos e do escopo. Vamos explorar os principais aspectos dessa fase.

1. Iniciando um Projeto Lean

- **Objetivo**: Estabelecer a visão e os objetivos do projeto.
- **Descrição**: Nesta fase, é importante definir claramente o que o projeto pretende alcançar. Isso inclui a identificação dos stakeholders (partes interessadas) e a definição do escopo inicial do projeto.
- **Resultado:** Uma visão clara e compartilhada do projeto, incluindo seus objetivos e escopo

2. Questões-Chave a Serem Abordadas

Antes de avançar para as próximas fases, é essencial abordar algumas questões-chave:

- **Qual é o escopo do projeto?** • Definir os requisitos e os limites do projeto.

- **Quais recursos são necessários?** • Identificar as pessoas, equipamentos e materiais necessários.

- **Qual é o cronograma do projeto?** • Determinar quando as atividades precisam ser realizadas e por quem.

- **Qual é o orçamento do projeto?** • Estimar os custos envolvidos no projeto.

3. Planejamento Minucioso • Importância: Um planejamento detalhado é fundamental para o sucesso do projeto. Ele ajuda a evitar problemas e garante que todos saibam o que precisa ser feito.

• **Descrição**: Envolve a criação de um plano detalhado que cobre todos os aspectos do projeto, desde o cronograma até os recursos e o orçamento.

• **Resultado**: Um plano de projeto abrangente que serve como guia para a execução e controle do projeto.

4. Escolha da Equipe • Objetivo: Selecionar membros da equipe altamente produtivos.
• **Descrição**: A escolha da equipe é crucial, especialmente se o projeto tiver restrições de tempo apertadas. É importante escolher pessoas com as habilidades e a experiência necessárias para contribuir para o sucesso do projeto.

• **Resultado**: Uma equipe bem escolhida e preparada para iniciar o trabalho no projeto.

Conclusão

A fase de iniciação é essencial para estabelecer uma base sólida para o projeto. Ao definir claramente os objetivos, o escopo, os recursos, o cronograma e o orçamento, e ao escolher uma equipe competente, você aumenta significativamente as chances de sucesso do projeto. Com um planejamento minucioso, você estará bem-preparado para avançar para as próximas fases do gerenciamento de projetos Lean.

Capítulo 06: Lean Project Manager - Fase de Planejamento
Introdução
O planejamento é uma fase crucial no gerenciamento de projetos Lean. Ele

ajuda a definir como o projeto será executado, monitorado e controlado. Vamos explorar os principais aspectos do planejamento em projetos Lean.

1. A Importância do Planejamento
• **Objetivo**: Reduzir a incerteza e melhorar a tomada de decisões.
• **Descrição**: O planejamento ajuda a prever possíveis obstáculos e a definir estratégias para superá-los. Ele também promove a confiança entre os membros da equipe e as partes interessadas.
• **Resultado:** Um plano bem definido que orienta a equipe durante todo o projeto.

2. Planejamento em Ondas Sucessivas

• **Objetivo**: Adaptar o planejamento conforme o projeto avança.
• **Descrição**: Em projetos Lean, o planejamento é feito em etapas, ou "ondas". Isso significa que você planeja detalhadamente apenas o trabalho que está prestes a ser feito, ajustando o plano à medida que novas informações são obtidas.
• **Resultado:** Um plano flexível que se adapta às mudanças e novas informações.

3. Elaboração Progressiva
• **Objetivo**: Detalhar o plano conforme a incerteza diminui.
• **Descrição**: À medida que o projeto avança, a incerteza diminui e o plano pode ser detalhado com mais precisão. Isso permite uma melhor alocação de recursos e um controle mais eficaz do projeto.
• **Resultado:** Um plano cada vez mais detalhado e preciso.

4. Planejamento de Iterações

• **Objetivo**: Dividir o trabalho em ciclos menores e gerenciáveis.
• **Descrição**: O planejamento de iterações envolve dividir o trabalho em ciclos menores, chamados de iterações. Cada iteração tem um conjunto específico de tarefas a serem concluídas, com base nas prioridades do cliente e nas lições aprendidas de iterações anteriores.

- **Resultado:** Um ciclo de trabalho contínuo e ajustável, que permite melhorias constantes.

5. Confirmando Histórias de Usuários e Prioridades
- **Objetivo**: Garantir que o trabalho atenda às necessidades do cliente.
- **Descrição:** Antes de iniciar uma nova iteração, a equipe deve confirmar com o cliente as histórias de usuários e suas prioridades. Isso garante que o trabalho realizado esteja alinhado com as expectativas do cliente.
- **Resultado:** Um alinhamento claro entre a equipe e o cliente sobre o que é prioritário.

6. Atualizando Requisitos
- **Objetivo**: Adaptar-se às mudanças nas necessidades do cliente.
- **Descrição**: No início de cada iteração, a equipe revisa os requisitos com base no feedback do cliente e em novas informações. Isso permite que o projeto se adapte rapidamente às mudanças.
- **Resultado:** Requisitos atualizados que refletem as necessidades atuais do cliente.

7. Planejamento de Lançamento (Release / Implantação)
- **Objetivo**: Definir marcos importantes e datas de entrega.
- **Descrição**: Um plano de lançamento inclui informações sobre o número de iterações, suas datas de início e término, e os principais marcos de negócios. Isso ajuda a equipe a manter o foco e a cumprir os prazos.
- **Resultado:** Um cronograma claro e bem definido para o lançamento do produto.

Conclusão
O planejamento é uma fase essencial no gerenciamento de projetos Lean. Ele ajuda a reduzir a incerteza, melhorar a tomada de decisões e garantir que o projeto esteja alinhado com as necessidades do cliente. Com um planejamento eficaz, a equipe está bem-preparada para enfrentar os desafios e alcançar o sucesso.

Capítulo 07: Processos Existentes e a Equipe Introdução

Entender os processos existentes e a dinâmica da equipe é fundamental para o sucesso de qualquer projeto Lean. Este capítulo aborda como avaliar e otimizar os processos atuais e como formar uma equipe eficaz.

1. Avaliando Processos Existentes
• **Objetivo**: Identificar áreas de melhoria nos processos atuais.
• **Descrição**: Antes de implementar práticas Lean, é importante avaliar os processos existentes. Isso envolve mapear o fluxo de trabalho atual, identificar gargalos e áreas de desperdício.
• **Resultado:** Uma compreensão clara dos processos atuais e das áreas que precisam de melhorias.

2. Otimizando Processos
• **Objetivo**: Melhorar a eficiência e reduzir desperdícios.
• **Descrição**: Após identificar as áreas de melhoria, o próximo passo é otimizar os processos. Isso pode incluir a eliminação de etapas desnecessárias, a automação de tarefas repetitivas e a implementação de práticas Lean.
• Resultado: Processos mais eficientes e menos desperdícios. 3. Formação da Equipe

3. Formação da Equipe
• **Objetivo**: Construir uma equipe eficaz e colaborativa.
• **Descrição**: A formação da equipe é crucial para o sucesso do projeto. Isso envolve selecionar membros com as habilidades necessárias, definir papéis e responsabilidades claros e promover uma cultura de colaboração.

• **Resultado**: Uma equipe bem estruturada e preparada para trabalhar de forma eficaz.

4. Treinando a Equipe
• **Objetivo**: Garantir que todos entendam as práticas Lean.
• **Descrição**: Treinar a equipe nas práticas Lean é essencial. Isso inclui,

workshops, treinamentos e sessões de coaching para garantir que todos compreendam e apliquem os princípios Lean.
• **Resultado:** Uma equipe bem treinada e alinhada com as práticas Lean.

5. Comunicação Eficaz
• **Objetivo**: Facilitar a troca de informações e a colaboração.
• **Descrição**: A comunicação eficaz é fundamental para o sucesso do projeto. Isso envolve estabelecer canais de comunicação claros, promover reuniões regulares e garantir que todos estejam informados sobre o progresso do projeto.
• **Resultado:** Uma comunicação clara e eficaz dentro da equipe.

6. Monitorando o Desempenho da Equipe

• **Objetivo**: Avaliar e melhorar continuamente o desempenho da equipe.
• **Descrição**: Monitorar o desempenho da equipe é importante para identificar áreas de melhoria. Isso pode incluir avaliações regulares, feedback contínuo e a implementação de melhorias com base nas avaliações.
• **Resultado:** Uma equipe que está constantemente melhorando e se adaptando às necessidades do projeto.

7. Motivando a Equipe
• **Objetivo**: Manter a equipe engajada e motivada.
• **Descrição**: Manter a equipe motivada é crucial para o sucesso do projeto. Isso pode incluir o reconhecimento do trabalho bem-feito, a criação de um ambiente de trabalho positivo e a oferta de oportunidades de crescimento e desenvolvimento.
• **Resultado:** Uma equipe motivada e engajada, pronta para enfrentar os desafios do projeto.

Conclusão
Entender e otimizar os processos existentes e formar uma equipe eficaz são passos essenciais para o sucesso de um projeto Lean. Com uma avaliação cuidadosa dos processos atuais, a otimização das áreas de melhoria, a formação e o treinamento de uma equipe competente, e a promoção de uma comunicação eficaz e de uma cultura de melhoria contínua, você estará bem-preparado para alcançar os objetivos do projeto.

Capítulo 08: Medição e Melhorias Introdução

A medição e as melhorias contínuas são pilares fundamentais do gerenciamento de projetos Lean. Este capítulo aborda como medir o desempenho da equipe e do projeto, e como implementar melhorias contínuas para alcançar a excelência.

1. Importância da Medição
• **Objetivo**: Avaliar o desempenho e identificar áreas de melhoria.
• **Descrição**: Medir o desempenho é essencial para entender como a equipe e o projeto estão progredindo. Isso envolve o uso de métricas e indicadores-chave de desempenho (KPIs) para monitorar o progresso.
• **Resultado:** Uma visão clara do desempenho atual e das áreas que precisam de melhorias.

2. Principais Métricas de Desempenho
• **Velocidade da Equipe**: Mede a quantidade de trabalho que a equipe consegue concluir em um período específico. Ajuda a prever a capacidade futura da equipe.

• **Taxa de Defeitos**: Monitora o número de defeitos encontrados e corrigidos. Uma alta taxa de defeitos pode indicar problemas no processo de desenvolvimento.

• **Satisfação do Cliente**: Avalia o nível de satisfação do cliente com o produto ou serviço entregue. Pode ser medida através de pesquisas e feedback direto.

• **Tempo de Ciclo**: Mede o tempo total necessário para concluir uma tarefa ou um conjunto de tarefas. Ajuda a identificar gargalos no processo.

3. Ferramentas de Medição

• **Gráficos de Burnup e Burndown**: Visualizam o progresso do trabalho ao longo do tempo. O gráfico de burnup mostra o trabalho concluído, enquanto o gráfico de burndown mostra o trabalho restante.

• **Relatórios de Defeitos**: Documentam os defeitos encontrados, sua prioridade e o status de resolução. Ajudam a monitorar a qualidade do produto.

• **Gráficos de Estacionamento**: Mostram o progresso das tarefas em um quadro visual, facilitando a identificação de tarefas concluídas, em andamento e pendentes.

4. Implementando Melhorias Contínuas

• **Objetivo:** Melhorar continuamente os processos e o desempenho da equipe.
• **Descrição**: As melhorias contínuas envolvem a revisão regular dos processos e a implementação de mudanças para aumentar a eficiência e a qualidade. Isso pode incluir a realização de retrospectivas, a análise de métricas e o feedback da equipe e dos clientes.
• **Resultado:** Processos mais eficientes e uma equipe que está constantemente melhorando.

5. Realizando Retrospectivas
• **Objetivo**: Refletir sobre o trabalho realizado e identificar melhorias.
• **Descrição**: As retrospectivas são reuniões regulares onde a equipe reflete sobre o trabalho realizado, identifica o que funcionou bem e o que pode ser melhorado. É uma oportunidade para discutir abertamente

os desafios e encontrar soluções em conjunto.
• **Resultado:** Um plano de ação para implementar melhorias no próximo ciclo de trabalho.

6. Feedback Contínuo
• **Objetivo**: Melhorar a comunicação e a colaboração dentro da equipe.
• **Descrição**: O feedback contínuo é essencial para o crescimento e desenvolvimento da equipe. Isso envolve fornecer feedback construtivo regularmente, reconhecer o bom trabalho e discutir áreas de melhoria.
• **Resultado:** Uma equipe mais coesa e colaborativa, com uma comunicação aberta e eficaz.

7. Cultura de Melhoria Contínua
• **Objetivo**: Criar um ambiente onde a melhoria contínua é parte da cultura da equipe.
• **Descrição:** Promover uma cultura de melhoria contínua envolve incentivar a equipe a sempre buscar maneiras de melhorar seus processos e desempenho. Isso pode incluir a implementação de práticas Lean, a realização de treinamentos regulares e a promoção de uma mentalidade de aprendizado contínuo.
• **Resultado:** Uma equipe que está constantemente buscando a excelência e se adaptando às mudanças.

Conclusão
A medição e as melhorias contínuas são essenciais para o sucesso de um projeto Lean. Ao medir o desempenho da equipe e do projeto, identificar áreas de melhoria e implementar mudanças contínuas, você pode garantir que o projeto esteja sempre progredindo em direção aos seus objetivos. Com uma cultura de melhoria contínua, a equipe estará bem-preparada para enfrentar os desafios e alcançar a excelência.

Capítulo 09: Atualizando Planos de Lançamento Introdução

Manter os planos de lançamento atualizados é crucial para o sucesso de um projeto Lean. Este capítulo aborda a importância de atualizar os planos de lançamento, como fazê-lo e as melhores práticas para garantir que o projeto continue no caminho certo.

1. Importância de Atualizar os Planos de Lançamento
• **Objetivo**: Garantir que o plano de lançamento reflita as mudanças e o progresso do projeto.
• **Descrição:** À medida que o projeto avança, os requisitos e prioridades podem mudar. Atualizar o plano de lançamento regularmente ajuda a garantir que todos estejam alinhados com as metas e o cronograma do projeto.
• **Resultado:** Um plano de lançamento que está sempre atualizado e relevante.

2. Componentes de um Plano de Lançamento (Release / Implantação)
• **Datas de Início e Término das Iterações**: Definem quando cada iteração começa e termina.

• **Principais Marcos de Negócios**: Identificam os pontos críticos do projeto que precisam ser alcançados.

• **Histórias de Usuários Iniciais**: Listam as funcionalidades e requisitos que serão desenvolvidos.

• **Estimativas de Velocidade da Equipe**: Preveem quanto trabalho a equipe pode concluir em cada iteração.

3. Processo de Atualização do Plano de Lançamento

• **Revisão Regular**: Realize revisões regulares do plano de lançamento ao final de cada iteração. Isso permite ajustar o plano com base no progresso real e nas mudanças de requisitos.

• **Feedback do Cliente**: Incorporar o feedback do cliente é essencial para garantir que o produto final atenda às suas necessidades e expectativas.

• **Ajustes de Prioridades**: Reavalie e ajuste as prioridades das histórias de usuários e funcionalidades com base no feedback e nas mudanças de requisitos.

4. Ferramentas para Atualizar Planos de Lançamento
• **Gráficos de Velocidade**: Monitoram a velocidade da equipe ao longo das iterações, ajudando a prever a capacidade futura.

• **Gráficos de Burnup e Burndown**: Visualizam o progresso do trabalho e ajudam a identificar se o projeto está no caminho certo.

• **Backlog do Produto**: Mantenha o backlog do produto atualizado com as mudanças de requisitos e prioridades.

5. Melhores Práticas para Atualizar Planos de Lançamento (Release / Implantação)

• **Colaboração Contínua**: Mantenha uma comunicação aberta e contínua entre a equipe de desenvolvimento e o cliente. Isso garante que todos estejam cientes das mudanças e possam ajustar o plano de lançamento conforme necessário.

• **Flexibilidade**: Esteja preparado para ajustar o plano de lançamento à medida que novas informações surgem e as circunstâncias mudam.

• **Documentação Clara**: Documente todas as mudanças no plano de lançamento de maneira clara e acessível para todos os membros da equipe.

6. Benefícios de Manter o Plano de Lançamento Atualizado • **Alinhamento da Equipe**: Garante que todos os membros da equipe estejam cientes das metas e do cronograma do projeto.

• **Transparência**: Proporciona uma visão clara do progresso do projeto para todas as partes interessadas.

• **Adaptabilidade**: Permite que a equipe se adapte rapidamente às mudanças de requisitos e prioridades, mantendo o projeto no caminho certo.

Conclusão

Manter os planos de lançamento atualizados é essencial para o sucesso de um projeto Lean. Ao revisar regularmente o plano de lançamento, incorporar o feedback do cliente, ajustar as prioridades e utilizar ferramentas adequadas, você pode garantir que o projeto continue alinhado com suas metas e cronograma. Com uma abordagem colaborativa e flexível, a equipe estará bem-preparada para enfrentar os desafios e alcançar o sucesso.

Capítulo 10: Monitoramento, Controle e Relatórios Introdução

Monitorar, controlar e relatar o progresso de um projeto são atividades fundamentais no gerenciamento de projetos Lean. Este capítulo aborda como essas atividades são realizadas, as ferramentas utilizadas e as melhores práticas para garantir que o projeto esteja sempre no caminho certo.

1. Importância do Monitoramento

• **Objetivo**: Garantir que o projeto esteja progredindo conforme planejado e identificar rapidamente qualquer desvio.
• **Descrição**: O monitoramento contínuo permite que a equipe identifique problemas e tome medidas corretivas antes que eles se tornem grandes obstáculos.
• **Resultado:** Um projeto que permanece alinhado com seus objetivos e cronograma.

2. Ferramentas de Monitoramento • Gráficos de Burnup e Burndown: Visualizam o progresso do trabalho ao longo do tempo. O gráfico de burnup mostra o trabalho concluído, enquanto o gráfico de burndown mostra o trabalho restante.

• **Quadros de Tarefas**: Utilizados para monitorar o progresso das tarefas em um quadro visual, facilitando a identificação de tarefas concluídas, em andamento e pendentes.

• **Relatórios de Defeitos**: Documentam os defeitos encontrados, sua prioridade e o status de resolução. Ajudam a monitorar a qualidade do produto.

3.   Controle   do   Projeto
• **Objetivo**: Manter o projeto dentro do escopo, prazo e orçamento planejados.
• **Descrição**: O controle envolve a comparação do progresso real com o planejado e a implementação de ações corretivas quando necessário.
• **Resultado:** Um projeto que permanece dentro dos limites estabelecidos e atinge seus objetivos.

4. Relatórios de Progresso

• **Objetivo**: Fornecer visibilidade do progresso do projeto para todas as partes interessadas.
• **Descrição:** Relatórios de progresso regulares ajudam a manter todos informados sobre o estado do projeto, os desafios enfrentados e as ações tomadas para resolvê-los.
• **Resultado:** Transparência e comunicação eficaz entre a equipe e as partes interessadas.

5.   Reuniões   de   Monitoramento
• **Reuniões Stand-up Diárias**: Reuniões curtas realizadas diariamente para que a equipe possa atualizar seu progresso e discutir obstáculos. Essas reuniões ajudam a manter todos alinhados e focados nos objetivos do projeto.

• **Reuniões de Revisão de Iteração**: Realizadas ao final de cada iteração para revisar o trabalho concluído, discutir o que funcionou bem e identificar áreas de melhoria.

6. Melhores Práticas para Monitoramento, Controle e Relatórios

• **Comunicação Contínua:** Mantenha uma comunicação aberta e contínua entre a equipe e as partes interessadas. Isso garante que todos estejam cientes do progresso e dos desafios do projeto.

• **Transparência**: Seja transparente sobre o progresso do projeto, incluindo os desafios enfrentados e as ações tomadas para resolvê-los.

• **Adaptação Rápida**: Esteja preparado para ajustar o plano do projeto à medida que novas informações surgem e as circunstâncias mudam.

7. Benefícios do Monitoramento, Controle e Relatórios

• **Alinhamento da Equipe**: Garante que todos os membros da equipe estejam cientes das metas e do cronograma do projeto.
• **Identificação Precoce de Problemas:** Permite identificar e resolver problemas rapidamente, antes que eles se tornem grandes obstáculos.

• **Tomada de Decisão Informada**: Fornece informações precisas e atualizadas para apoiar a tomada de decisões.

Conclusão

Monitorar, controlar e relatar o progresso de um projeto são atividades essenciais para o sucesso de um projeto Lean. Utilizando ferramentas adequadas, realizando reuniões regulares e mantendo uma comunicação aberta e transparente, você pode garantir que o projeto permaneça no caminho certo e alcance seus objetivos. Com uma abordagem proativa e colaborativa, a equipe estará bem-preparada para enfrentar os desafios e alcançar o sucesso.

Capítulo 11 - Funções da Equipe do Projeto Lean Introdução

No contexto do gerenciamento de projetos Lean, a definição clara das funções e responsabilidades da equipe é fundamental para o sucesso do projeto. Uma equipe bem estruturada e com papéis bem definidos pode colaborar de maneira mais eficaz, promover a auto-organização e garantir a entrega de valor contínuo.

Principais Funções na Equipe de Projeto Lean

1. Gerente de Projeto Lean:
Responsabilidades:
- Facilitar a comunicação eficaz dentro da equipe.
- Apoiar a auto-organização da equipe.
- Servir como interface com o restante da organização.
- Garantir que os objetivos e o progresso do projeto sejam comunicados claramente.
- **Importância:** Atua como um facilitador e defensor da equipe, garantindo que todos estejam alinhados com a visão do projeto.

2. Membros da Equipe de Desenvolvimento (equipe que atua nas atividades do projeto)

Responsabilidades:

- Realizar o trabalho técnico necessário para o projeto.
- Colaborar com outros membros da equipe para resolver problemas e melhorar processos.
- Tomar decisões independentes durante o desenvolvimento.

Importância: São responsáveis pela execução das tarefas e pela entrega de valor contínuo ao cliente.

3. Product Owner (PO)

Responsabilidades:
- Definir e priorizar o backlog do produto. • Garantir que a equipe de desenvolvimento entenda os requisitos e expectativas do cliente.
- Tomar decisões sobre o escopo e as funcionalidades do produto.

Importância: Atua como a voz do cliente dentro da equipe, garantindo que o produto final atenda às necessidades e expectativas do mercado.

4. Scrum Master (em equipes que utilizam Scrum)

Responsabilidades:
• Facilitar as cerimônias Scrum (Daily Stand-ups, Sprint Planning, Sprint Review, Sprint Retrospective).
• Remover impedimentos que possam atrapalhar o progresso da equipe.
• Promover a adoção de práticas ágeis e Lean.
Importância: Ajuda a equipe a seguir os princípios ágeis e Lean, garantindo um fluxo de trabalho eficiente.

Características de uma Equipe Lean Eficaz

1. Interdependência e Colaboração:
• **Descrição**: O trabalho dos membros da equipe é interdependente, exigindo colaboração contínua.

• **Benefício**: Promove um ambiente de trabalho coeso e eficiente, onde todos trabalham juntos para alcançar os objetivos do projeto.

2. Auto-Organização:
• **Descrição**: A equipe é capaz de se auto-organizar, tomando decisões e ajustando processos conforme necessário.

• **Benefício**: Aumenta a agilidade e a capacidade de resposta da equipe a mudanças e desafios.

3. Comunicação Eficaz:
• **Descrição**: A comunicação clara e aberta é incentivada dentro da equipe e com as partes interessadas externas.
• **Benefício:** Reduz a possibilidade de mal-entendidos e garante que todos estejam alinhados com os objetivos do projeto.

4. Visão Compartilhada:

• **Descrição**: Todos os membros da equipe compartilham uma visão comum do projeto e seus objetivos.

• **Benefício**: Alinha os esforços da equipe e promove um senso de propósito e direção.

Estratégias para Melhorar a Função da Equipe

1. Reuniões Regulares para Atualizações:
• **Descrição**: Realizar reuniões regulares para discutir o progresso, identificar obstáculos e ajustar planos.
• **Benefício:** Mantém todos informados e permite ajustes rápidos conforme necessário.

2. Definição Clara de Funções e Responsabilidades:

• **Descrição**: Garantir que cada membro da equipe saiba exatamente quais são suas responsabilidades.
• **Benefício:** Reduz a confusão e aumenta a eficiência da equipe.

3. Criação de Ambientes de Colaboração:

• **Descrição**: Utilizar ferramentas e espaços (virtuais ou físicos) que promovam a colaboração e a comunicação.
• **Benefício:** Facilita a troca de informações e a resolução de problemas em tempo real.

4. Reconhecimento e Elogios:
• **Descrição**: Reconhecer e elogiar os esforços e conquistas dos membros da equipe.
• **Benefício:** Aumenta a moral e a motivação da equipe, promovendo um ambiente de trabalho positivo.

Conclusão
Definir claramente as funções e responsabilidades dentro de uma equipe de projeto Lean é essencial para o sucesso do projeto. Com uma estrutura bem definida, comunicação eficaz e uma visão compartilhada, a equipe pode colaborar de maneira mais eficiente e entregar valor contínuo ao cliente. Ao implementar estratégias para melhorar a função

da equipe, os gerentes de projeto Lean podem garantir que todos os membros da equipe estejam alinhados e comprometidos com os objetivos do projeto.

Capítulo 12: Documentação em Gerenciamento Enxuto

Introdução No gerenciamento de projetos Lean, a documentação é uma ferramenta importante, mas deve ser usada de forma eficiente. O objetivo é criar apenas a documentação necessária para apoiar o projeto, evitando desperdícios e focando no que realmente agrega valor.

Princípios da Documentação Enxuta

1. **Documentação Suficiente**:
• **Objetivo**: Ter a quantidade certa de documentação para apoiar o projeto sem sobrecarregar a equipe.
• **Descrição**: A documentação deve ser clara, concisa e diretamente relevante para o trabalho em andamento.
• **Resultado:** Equipe bem-informada e capaz de tomar decisões rápidas sem relevante para o trabalho em andamento. • Resultado: Equipe bem-informada e capaz de tomar decisões rápidas sem perder tempo com documentos desnecessários.

2. Evitar Documentação Desnecessária:

• **Objetivo**: Reduzir o tempo gasto em criar e manter documentos que não agregam valor.
• **Descrição:** Identificar e eliminar documentos que não são essenciais para o progresso do projeto.
• **Resultado:** Mais tempo e recursos dedicados ao desenvolvimento de produtos e serviços de valor.

Tipos de Documentos Necessários

1. Histórias de Usuários: • **Descrição:** Pequenos relatos que descrevem uma funcionalidade do ponto de vista do usuário final.
• **Importância:** Ajudam a equipe a entender o que precisa ser desenvolvido e por quê.

• **Exemplo:** "Como usuário, **quero** poder fazer login no sistema **para** acessar minhas informações pessoais."

2. Quadros de Tarefas (Task Boards):

• **Descrição**: Ferramentas visuais que mostram o progresso das tarefas em um projeto.
• **Importância:** Facilitam a comunicação e o acompanhamento do trabalho pela equipe.
• **Exemplo:** Kanban boards que mostram tarefas em "A Fazer", "Em Progresso" e "Concluídas".

3. Gráficos de Burndown:
• **Descrição**: Gráficos que mostram a quantidade de trabalho restante ao longo do tempo.
• **Importância:** Ajudam a monitorar o progresso e prever se o projeto está no caminho certo para ser concluído no prazo.
• **Exemplo:** Um gráfico que mostra a diminuição das tarefas pendentes a cada dia de um sprint.

4. Backlogs de Produtos:

• **Descrição**: Listas priorizadas de tarefas ou funcionalidades que precisam ser desenvolvidas.
• **Importância:** Mantêm a equipe focada nas tarefas mais importantes e ajudam a planejar futuras iterações.
• **Exemplo:** Um product backlog que lista todas as funcionalidades desejadas para um produto.

Documentos Considerados Desperdício

1. Solicitações Formais de Mudança:
• **Descrição**: Documentos detalhados que formalizam pedidos de alteração no projeto.
• **Problema:** Podem ser burocráticos e desnecessários em um ambiente ágil onde as mudanças são frequentes e esperadas.

2. Planos de Projeto Detalhados:
• **Descrição**: Documentos extensos que detalham cada aspecto do projeto.
• **Problema**: Podem se tornar obsoletos rapidamente em projetos ágeis, onde a flexibilidade é crucial.

3. Declarações de Escopo:

• **Descrição**: Documentos que definem o escopo do projeto em detalhes.
• **Problema**: Podem limitar a capacidade de adaptação às mudanças e não agregar valor direto ao cliente.

4. Atas de Reuniões de Equipe:

• **Descrição**: Registros detalhados de discussões e decisões tomadas em reuniões.
• **Problema:** Podem ser substituídas por métodos mais ágeis de comunicação, como ferramentas colaborativas e reuniões rápidas.

Conclusão

No gerenciamento de projetos Lean, a documentação deve ser enxuta e eficiente. O foco deve estar em criar apenas os documentos que realmente ajudam a equipe a alcançar seus objetivos e agregar valor ao cliente. Evitar a criação de documentação desnecessária permite que a equipe se concentre no desenvolvimento de soluções eficazes e inovadoras.

Capítulo 13: Adesão das Partes Interessadas Introdução

Obter a adesão das partes interessadas é crucial para o sucesso na implementação de práticas Lean. A transição de um gerenciamento de projetos tradicional para um gerenciamento Lean pode ser desafiadora, e a resistência à mudança é comum. Este tópico aborda estratégias eficazes para conquistar o apoio das partes interessadas.

Desafios Comuns

1. Resistência à Mudança:
• **Descrição**: As pessoas podem se sentir desconfortáveis com mudanças significativas, especialmente se isso implicar que o que estão fazendo atualmente está errado.
• **Exemplo:** Membros da equipe que estão acostumados a métodos tradicionais podem resistir a novos processos ágeis.

2. Esforço Adicional:
• **Descrição**: A mudança para práticas Lean pode exigir esforço extra além das operações diárias.
• **Exemplo:** A equipe pode precisar aprender novas ferramentas e métodos, o que pode ser visto como uma sobrecarga inicial.

3. Risco e Incerteza:

• **Descrição**: A mudança envolve riscos e incertezas, o que pode causar hesitação.

• **Exemplo**: Gerentes podem se preocupar com a imprevisibilidade dos resultados ao adotar novas práticas.

Estratégias para Obter Adesão

1. Educação e Treinamento:
• **Objetivo**: Informar e capacitar as partes interessadas sobre os benefícios e práticas do Lean.
• **Descrição:** Oferecer workshops, treinamentos e materiais educativos para ajudar todos a entenderem o valor do Lean.
• **Resultado:** Redução da resistência e aumento da confiança na nova abordagem.

2. Comunicação Clara e Transparente:

• **Objetivo**: Manter todos informados sobre o processo de mudança e os benefícios esperados.
• **Descrição:** Utilizar reuniões regulares, boletins informativos e outras formas de comunicação para compartilhar informações.

• **Resultado:** Maior engajamento e alinhamento entre as partes interessadas.

3. Envolvimento Ativo das Partes Interessadas:

• **Objetivo**: Garantir que as partes interessadas se sintam parte do processo de mudança.
• **Descrição:** Incluir representantes das partes interessadas em comitês de implementação e grupos de trabalho.
• **Resultado:** Sentimento de propriedade e responsabilidade pelo sucesso da implementação.

4. Demonstração de Resultados:
• **Objetivo**: Mostrar os benefícios tangíveis das práticas Lean.
• **Descrição**: Implementar projetos piloto e compartilhar os resultados positivos com a organização.
• **Resultado:** Prova concreta de que as práticas Lean funcionam, aumentando a confiança e o apoio.

5. Suporte da Alta Administração:

• **Objetivo**: Garantir que a liderança esteja comprometida com a mudança.
• **Descrição**: A alta administração deve demonstrar seu apoio através de ações e comunicação.
• **Resultado:** Maior credibilidade e incentivo para a equipe adotar as novas práticas.

6. Feedback Contínuo:

• **Objetivo**: Ajustar e melhorar o processo de implementação com base no feedback das partes interessadas.
• **Descrição:** Coletar feedback regularmente e fazer ajustes conforme necessário.

- **Resultado:** Processo de implementação mais eficaz e adaptado às necessidades da organização.

Conclusão

Obter a adesão das partes interessadas é essencial para a implementação bem-sucedida das práticas Lean. Utilizando estratégias como educação, comunicação clara, envolvimento ativo, demonstração de resultados, suporte da alta administração e feedback contínuo, é possível superar a resistência e garantir que todos estejam alinhados e comprometidos com a mudança. Com o apoio das partes interessadas, a transição para o Lean pode ser mais suave e eficaz, levando a melhores resultados para a organização.

Capítulo 14: Buffers de Agendamento Introdução

No gerenciamento de projetos Lean, os buffers de agendamento são ferramentas essenciais para garantir que os projetos sejam concluídos dentro do prazo, mesmo diante de incertezas e variabilidades. Eles fornecem uma margem de segurança para absorver atrasos e imprevistos, ajudando a manter o fluxo de trabalho eficiente e a cumprir os prazos estabelecidos.

Tipos de Buffers

1. Buffer de Projeto (Project Buffer):
- **Descrição**: Tempo extra adicionado ao cronograma de um projeto, geralmente antes dos principais marcos ou no final do projeto.
- **Importância:** Protege a data de lançamento do projeto contra atrasos inesperados.
- **Exemplo:** Adicionar duas semanas extras ao final do cronograma para acomodar possíveis atrasos.

2. Buffer de Alimentação (Feeding Buffer):

• **Descrição**: Tempo extra alocado para tarefas dependentes, garantindo que atrasos em tarefas predecessoras não afetem as tarefas subsequentes.
• **Importância:** Evita que dependências entre tarefas causem atrasos em cadeia.
• **Exemplo:** Adicionar um buffer de três dias entre duas tarefas dependentes para garantir que a segunda tarefa não seja atrasada se a primeira demorar mais do que o previsto.

3. Buffer de Recursos (Resource Buffer):

• **Descrição**: Tempo extra planejado para garantir que os recursos necessários estejam disponíveis quando forem necessários.
• **Importância:** Assegura que a falta de recursos não cause atrasos no projeto.
• **Exemplo:** Planejar a disponibilidade de um especialista por uma semana extra para garantir que ele esteja disponível caso uma tarefa demore mais do que o esperado.

4. Buffer de Funcionalidade (Feature Buffer):

• **Descrição**: Histórias de usuários de baixa prioridade adicionadas a uma iteração para fornecer flexibilidade.
• **Importância:** Permite que histórias de alta prioridade sejam concluídas primeiro, deixando as de baixa prioridade como margem de manobra.
• **Exemplo:** Adicionar funcionalidades opcionais a uma iteração que podem ser deixadas de lado se as funcionalidades principais demorarem mais para serem desenvolvidas.

Importância dos Buffers

1. Mitigação de Riscos:
• **Descrição**: Buffers ajudam a mitigar os riscos associados a atrasos e incertezas no cronograma.
• **Benefício:** Reduzem a probabilidade de falhas no cumprimento dos prazos e aumentam a previsibilidade do projeto.

2. Flexibilidade e Adaptabilidade:

- **Descrição**: Buffers proporcionam flexibilidade para lidar com imprevistos sem comprometer o cronograma geral.
- **Benefício:** Permitem ajustes rápidos e eficientes, mantendo o projeto no caminho certo.

3. Melhoria da Qualidade:
- **Descrição**: Ao reduzir a pressão para cumprir prazos apertados, os buffers permitem que a equipe se concentre na qualidade do trabalho.
- **Benefício:** Resulta em produtos finais de maior qualidade e satisfação do cliente.

4. Redução do Estresse da Equipe:

- **Descrição**: Buffers ajudam a aliviar a pressão sobre a equipe, proporcionando um ambiente de trabalho mais saudável.
- **Benefício:** Aumenta a moral e a produtividade da equipe, reduzindo o risco de burnout.

5. Planejamento Realista:
- **Descrição**: Buffers permitem um planejamento mais realista, considerando as incertezas e variabilidades inerentes aos projetos.
- **Benefício:** Melhora a precisão das estimativas de tempo e recursos, resultando em uma gestão de projetos mais eficaz.

Conclusão

Os buffers de agendamento são componentes cruciais no gerenciamento de projetos Lean. Eles fornecem uma margem de segurança que ajuda a lidar com incertezas e imprevistos, garantindo que os projetos sejam concluídos dentro do prazo e com a qualidade esperada. Ao entender e aplicar corretamente os diferentes tipos de buffers, os gerentes de projeto podem melhorar significativamente a eficiência e a eficácia de seus projetos.

Conclusão e Encerramento

Chegamos ao fim desta jornada de aprendizado e reflexão sobre o gerenciamento de projetos Lean. Queremos expressar nossa mais sincera gratidão por você ter dedicado seu tempo e atenção a este eBook. Sua busca por conhecimento e excelência é verdadeiramente admirável. Ao longo das páginas, exploramos juntos os princípios fundamentais do Lean, as estratégias para otimizar processos, a importância de uma equipe motivada e as técnicas para garantir que os projetos sejam concluídos com sucesso. Esperamos que cada capítulo tenha oferecido insights valiosos e práticos que você poderá aplicar em sua carreira e em seus projetos. A adoção do Lean Project Management é mais do que uma metodologia; é um compromisso com a melhoria contínua, a eficiência e a entrega de valor. Ao implementar esses princípios, você está se posicionando como um líder inovador e preparado para enfrentar os desafios do mercado com confiança e competência. Agradecemos por confiar em nosso conteúdo e por se juntar a nós nesta jornada de transformação. Seu empenho em aprender e crescer é o que impulsiona a evolução das práticas de gerenciamento de projetos e contribui para um futuro mais eficiente e produtivo. Estamos honrados por ter sido parte de sua trajetória de aprendizado e esperamos continuar a apoiá-lo em suas futuras conquistas. Lembre-se, o sucesso está na jornada, e cada passo dado em direção à excelência é um passo na direção certa. Obrigado por ser um leitor dedicado e por sua contribuição para a construção de um ambiente de trabalho mais eficiente e colaborativo. Juntos, podemos alcançar grandes feitos e transformar a maneira como gerenciamos projetos. Até a próxima jornada de conhecimento e sucesso!

Sobre o Autor

Jean Ribeiro, é um profissional altamente experiente e respeitado no campo de gestão de portfólio, programas, projetos e produtos. Com uma carreira sólida e diversificada, Jean possui um profundo conhecimento em todo o ciclo de vida do gerenciamento de projetos, destacando-se na gestão de programas, portfólios e projetos estratégicos, bem como na gestão ágil e ágil escalada (SAFe). Atualmente, Jean atua em uma importante organização brasileira do setor de serviços, onde lidera a gestão estratégica de portfólio, propondo estruturas de portfólios alinhadas com estratégias e objetivos emergentes, além de influenciar a alta administração na implementação de ações corretivas e na priorização de recursos. Jean também é um mentor voluntário em eventos de inovação e agilidade da NASA (International Space Apps Challenge) e do PMI International, além de ser professor em temas relacionados à gestão de projetos, governança, gestão de produtos ágeis e mudanças organizacionais.

Ele possui uma vasta gama de certificações, incluindo PMP, ITIL 4 Specialist, COBIT 2019, LPM-Lean Portfólio Manager (SAFe), Lean Project Managment (IBQMI), ISO 20.000, Certified Enterprise Coach (ICP-ENT), Certificação PRINCE 2 – Practitioner – (Axelos), Certification Change Management Certified Practitioner (PROSCI), entre outras. Sua formação acadêmica é igualmente sólida, com um MSc em Tecnologias Emergentes na Educação pela Universidade de Miami, um MBA em Inteligência Artificial e Big Data pelo IBMEC, MBA em Liderança, Inovação e Gestão 3.0 pela PUC-RS, e MBA em Gestão de Portfólio, Programas, Produtos e Projetos pela FMU. Jean Ribeiro é autor de publicações relevantes na área de gerenciamento de projetos e foi reconhecido com prêmios em projetos e programas que gerenciou e que foram reconhecidos em seus segmentos. Sua missão é ajudar pessoas e empresas a resolver problemas, pensar de forma diferente, aprender, mudar e inovar. Com uma carreira dedicada à excelência e à inovação, Jean Ribeiro é uma autoridade no campo de gerenciamento de projetos e um mentor inspirador para profissionais que buscam se destacar e transformar suas organizações.

www.ingramcontent.com/pod-product-compliance
Lightning Source LLC
Chambersburg PA
CBHW082241220526
45479CB00005B/1306